BEI GRIN MACHT SICH IHR WISSEN BEZAHLT

AF144631

- Wir veröffentlichen Ihre Hausarbeit, Bachelor- und Masterarbeit

- Ihr eigenes eBook und Buch - weltweit in allen wichtigen Shops

- Verdienen Sie an jedem Verkauf

Jetzt bei www.GRIN.com hochladen und kostenlos publizieren

GRIN

Bibliografische Information der Deutschen Nationalbibliothek:

Die Deutsche Bibliothek verzeichnet diese Publikation in der Deutschen National-
bibliografie; detaillierte bibliografische Daten sind im Internet über http://dnb.d-
nb.de/ abrufbar.

Impressum:

Copyright © 2013 GRIN Verlag, Open Publishing GmbH
Druck und Bindung: Books on Demand GmbH, Norderstedt Germany
ISBN: 978-3-668-03479-2

Dieses Buch bei GRIN:

http://www.grin.com/de/e-book/305601/frauen-in-fuehrungspositionen-und-was-
sie-von-den-maennern-unterscheidet

Franziska Kraus

Frauen in Führungspositionen und was sie von den Männern unterscheidet

GRIN Verlag

GRIN - Your knowledge has value

Der GRIN Verlag publiziert seit 1998 wissenschaftliche Arbeiten von Studenten, Hochschullehrern und anderen Akademikern als eBook und gedrucktes Buch. Die Verlagswebsite www.grin.com ist die ideale Plattform zur Veröffentlichung von Hausarbeiten, Abschlussarbeiten, wissenschaftlichen Aufsätzen, Dissertationen und Fachbüchern.

Besuchen Sie uns im Internet:

http://www.grin.com/

http://www.facebook.com/grincom

http://www.twitter.com/grin_com

HAWK Hildesheim

Fakultät für Soziale Arbeit und Gesundheit

Studiengang Soziale Arbeit

Frauen in Führungspositionen

Und was sie von den Männern unterscheidet.

Inhaltsverzeichnis

1. Einleitung

Kaum ein Thema wird aktuell mehr diskutiert als das Thema „Mann und Frau". Jeder kennt typische Unterschiede über die Geschlechter und somit auch geltende Vorurteile. Fernsehserien und Brettspiele mit dem Thema „Typisch Mann, typisch Frau", lassen sich Klasse verkaufen. Das Geschäft mit dem Geschlecht boomt. So ist es kein Wunder dass dieses Thema schon seid Jahren in aller Munde ist.

Es hat sich viel getan für die Gleichbehandlung von Männern und Frauen in den letzten Jahren, gerade auf dem Arbeitsmarkt. Noch vor 50 Jahren erlaubte das Bürgerliche Gesetzbuch der Bundesrepublik Deutschland dem Ehemann, das Arbeitsverhältnis seiner Frau zu kündigen. Doch seit der Einführung des Gesetzes zur Chancengleichheit hat sich für Frauen und Männer im Erwerbsleben viel verändert. Heute wollen viele Frauen ihren Wunsch-Beruf erlernen, beruflich auf eigenen Beinen stehen und dafür die vielfältigen Bildungsmöglichkeiten nutzen. Obwohl diese positiven Tendenzen festzustellen sind, gibt es in Deutschland immer noch Unterschiede in den Führungspositionen. Frauen sind hier deutlich unterpräsentiert und noch keine Selbstverständlichkeit.

Barbara Bierach äußert in ihrem Buch „Das dämliche Geschlecht" dass der Frauenanteil im Management sehr gering ist und dass sich viele Frauen, welche die Qualifikationen hätten, später zurückziehen in ihre Rolle als Hausfrau und Mutter.

Doch welche Aufstiegshindernisse haben Frauen zu überwinden? Warum gibt es so wenige Frauen in Führungspositionen? Welche karrierehemmenden Faktoren verhindern oder erschweren den beruflichen Aufstieg von Frauen? Im folgenden soll diesen Fragen auf den Grund gegangen werden. Die Ausarbeitung beginnt mit der Geschichte der Frauenbewegung und soll aufzeigen wann sich in Deutschland angefangen hat etwas zu verändern. In Kapitel 2 wird geht es um die Führungsperson gehen, Anforderungen an sie und die derzeitige Situation. In Kapitel 3 wird auf die Vorurteile eingegangen mit welchen die Frauen auch heute noch, wenn auch unbewusst, zu kämpfen haben. Es folgen die Unterschiede von Karrierefrauen und Karrieremännern sowie dazugehörige Erklärungsansätze. Im vorletzen Kapitel wird auf aktuelle Studien eingegangen, welche konkret aufzeigen, was Frauen anders machen als männliche Führungskräfte. Die Ausarbeitung endet mit einem Fazit.

2. Historische Entwicklung

Die Geschichte der Frauenbewegung ist die Geschichte der heutigen Frauenwelt. Ohne sie wären wir heute vielleicht nicht an dem Punkt angelangt an welchen wir sind. Im folgenden wird darum kurz auf diese genauer eingegangen.

2.1.   Die erste deutsche Frauenbewegung

Der Beginn der Frauenbewegung lässt sich ungefähr ins 18. Jahrhundert datieren. 1865 war in Deutschland der erste formale Zusammenschluss im Rahmen einer Frauenkonferenz. Die damaligen Frauenbewegungen lassen sich in zwei Gruppen teilen. Die eine Gruppe bezeichnet man als die proletarische Frauenbewegung. Sie forderten das Recht der Arbeit für jede Frau, Industrie- und Handelsschulen für Frauen, Chancengleichheit im Beruf und das gleiche Gehalt wie die männlichen Arbeiter. Dann gab es noch die bürgerliche Frauenbewegung. Ihre Ziele waren vorherrschend die Frau in ihrer Mutterrolle zu stärken. Damit ist nicht nur die biologische Mutterrolle gemeint, sondern auch die geistige. Sie wollten sich weiterbilden, ihre Familie unterstützen und politisch gleichgestellt werden. Der Unterschied dieser zwei Frauenbewegungen lag in der Sichtweise und Lebenssituation. Während die bürgerliche Frauenbewegung es wichtig fand die Frau in ihrer Mutterrolle und Familienrolle zu stärken und ein Recht auf Bildung wünschten, ging es der proletarischen Frauenbewegung um den Lebensstandart. Die Frauen waren dazu gezwungen zu arbeiten und wollten gerechtere Chancen um ihre Situation zu verbessern. Die Frau sollte als Ganzes respektiert werden, auch ohne Frau und Kind. *(vgl. Onnen-Isemann/Bollmann 2010: 17-18)*

Erfolge, die diese Frauenbewegungen erzielten, waren kleine erste Schritte in die richtige Richtung. So durften Frauen zum Beispiel um das Jahr 1895 Gasthörerinnen an Universitäten sein. Um das Jahr 1900 wurde es ihnen auch gestattet sich an diesen zu immatrikulieren. Die Vereinsfreiheit für Frauen trat 1908 in Kraft getreten. *(vgl. Onnen-Isemann/Bollmann 2010: 19-21)*

Viele dieser sich erkämpften Rechte verloren die Frauen wieder in der Zeit des Nationalsozialismus. Ihnen wurden Berufe wie Richterin und Rechtsanwältin untersagt, sie verloren die Zulassung zur Habilitation und unter anderem das passive Wahlrecht. In der Zeit des Nationalsozialismus wurde sehr viel Wert auf die Frau in ihrer Hausfrauenrolle und Mutter gelegt und die erkämpften Rechte und Ziele gingen verloren. *(vgl. Onnen-Isemann/Bollmann 2010: 22)*

Die Frauenbewegungen mussten sich also nach dieser Zeit erst wieder neu finden und bilden.

2.2.   Die zweite deutsche Frauenbewegung

Die zweite Frauenbewegung lässt sich auf die Studentenbewegung der Jahre 1977/78 zurückführen. Es waren Frauen mit den verschiedensten Vorstellungen und Zielen. Sie waren sich insofern einig das sie eine Veränderung der sozialen Lage für Frauen wünschten. Dieses geschah unter Ausschluss der Männer. Sie wollten einen Beitrag zur Gesellschaft leisten der besser sein sollte, als das, was die Männer bisher je geleistet hatten. Unter anderem wurden auch viele feministische Projekte gestartet, zum Beispiel feministische Gesundheitszentren, Frauenhausprojekte und verschiedene Frauenfachgruppen. *(vgl. Onnen-Isemann / Bollmann 2010: 23-25)*

Heute erscheinen uns viele dieser Forderungen als eingelöst und (als) völlig selbstverständlich. Frauen können wählen und sich politisch engagieren. Ob sie einen Partner haben oder Kinder steht nicht mehr im Vordergrund, die Frau kann ihren eigenen individuellen Lebensweg gehen. Auch kann die Frau jeden Beruf erlernen den sie möchte und ihrer Karriere steht theoretisch nichts im Weg, denn noch nie waren Frauen so hochqualifiziert wie zu der heutigen Zeit. Und dennoch sind sie in den obersten Führungspositionen, sei es in der Wirtschaft, der Politik oder der Wissenschaft unterpräsentiert. *(vgl. Schaufler 2000: 30)*

3. Führungspositionen

Welche Kenntnisse oder Fähigkeiten muss ich mitbringen, um als Führungskraft erfolgreich zu sein, oder um überhaupt eine Stelle in diesem Bereich zu bekommen? Wie spezialisiert muss ich auf meinem Gebiet sein, oder brauche ich nur gute Menschenkenntnis?

Um die Situation von Frauen in Führungspositionen genau darzustellen soll der den Begriff der Führungskraft als erstes definieren werden.

3.1.   Definition Führungskraft

Eine einheitliche Definition der Begriffe „Führungskraft" und „Führung" sind in der deutschsprachigen einschlägigen Literatur nicht zu finden. Es werden jedoch immer wieder definitionsversuche bezüglich dieser beiden Begriffe unternommen.

Wer genau eine Führungsperson ist, ist nicht immer gleich deutlich. Führung kann im engeren Sinne als Menschenführung, bzw. Menschenanleitung definiert werden. Durch geeignete Führungsstile und Führungstechniken sollen die Mitarbeiter ermutigt werden ihre Aufgaben fachgerecht zu erledigen. Der Begriff Führungskraft kann prinzipiell dafür stehen, wer anderen Mitarbeitern Weisungen gibt die befolgt werden müssen. *(vgl. Wiegand 1995: 122)*

Eine Führungsperson gibt Weisungen. Doch um diese geben zu können benötigt sie eine Reihe von Eigenschaften. Welche Anforderungen genau von einer Führungskraft abverlangt werden, möchte ich im folgenden Abschnitt erläutern.

3.2.   Eigenschaftsanforderungen

Führungspersönlichkeiten haben bestimmte Persönlichkeitseigenschaften, diese, so geht man davon aus, seien entscheidend für den Erfolg oder Misserfolg der gesteckten Ziele. Bei der Einstellung einer Führungsperson wurde und wird immer noch großer Wert auf diese Eigenschaften gelegt. Diese Eigenschaften sind in der Regel   hohe   Intelligenz,   höheres   Dominanzstreben,   Sensitivität   und

6

Anpassungsfähigkeit. Energie, Durchsetzungsfähigkeit, Dynamik, Risikobereitschaft, Selbstbeherrschung sowie Entscheidungsfähigkeit sind hierbei gewünschte Eigenschaften, die typischerweise dem Mann zugeschrieben werden. Das diese Eigenschaften eher typisch männlich sind lässt sich damit erklären das in Untersuchungen über die Eigenschaften einer Führungskraft auch fast ausschließlich männliche Führungskräfte untersucht wurden und Männer diese Beschreibung der perfekten Führungskraft geprägt haben. Die idealtypische Führungskraft wird daher also eher als männlich beschrieben. *(vgl. Westerholt 1998: 50)*

Ob diese Beschreibung und Denkweise falsch ist, wird in einem unteren Abschnitt noch geklärt. Als nächstes möchte ich die derzeitige Situation der Führungskräfte in Deutschland aus dem Jahr 2005 aufzeigen.

3.3.   Derzeitige Situation

Derzeit besetzen knapp ein Fünftel der Frauen Führungspositionen in Deutschland. Der niedrigste Prozentsatz ließ sich 2012 in Baden-Würtemberg mit 19,1% feststellen, in Berlin waren es 24 %. Niedersachsen liegt mit 20,5 % im Durchschnitt.

Frauen in Führungspositionen nach Unternehmensgröße (Mitarbeiterzahl)

Anzahl Mitarbeiter

1 - 9 Mitarbeiter	21,6%
10 - 50 Mitarbeiter	12,9%
51 - 100 Mitarbeiter	11,2%
101 - 500 Mitarbeiter	10,1%
ab 501 Mitarbeiter	8,3%

Quelle: Bürgel Wirtschaftsinformationen GmbH & Co. KG

Abb. 1. (Bürgel Wirtschaftsinformationen 2012)

Interessant ist dabei, dass bei wachsender Unternehmensgröße die Zahl der weiblichen Führungskräfte sinkt, wie in Abb. 1 zu sehen ist. Dieses könnte darauf schließen lassen, dass je mehr Mitarbeiter eine Firma hat und je größer die Verantwortung für die   Führungsperson wird, die Stelle eher an einen Mann abgegeben wird.

Eine weitere Studie zeigt auf in welchem Alter Frauen in Führungspositionen arbeiten. Von den 18-24 jährigen Frauen arbeiten 32,1% in Führungspositionen, diese Zahl sinkt mit steigenden Alter rapide nach unten. So sind es von den 40-44 jährigen nur noch 21,4% der Frauen die in Führungspositionen arbeiten. *(vgl. Bürgel Wirtschaftsinformationen 2012)*

Leider geht aus den eben genannten Studien nicht hervor was genau unter einer Führungsperson verstanden wird. Werden da wirklich nur die Topmanager einer Firma gezählt oder auch die Tagesgruppenleitung im Kindergarten? Diese Studien sind also mit Bedacht zu verstehen, die reale Zahl der Frauen in Top-Führungspositionen kann daher durchaus noch geringer ausfallen.

4. Vorurteile gegenüber Frauen in Führungspositionen

Es gibt eine Reihe von Vorurteilen gegenüber Frauen die dafür verantwortlich sein sollen, dass es ihnen so schwer fällt, in eine Führungsposition aufzusteigen. Die größten Vorurteile entstehen aus den geltenden Wertvorstellungen und eine dadurch entstehende Rolleninkongruenz. Im folgenden wird auf ein paar von den Vorurteilen genauer eingegangen und Schwierigkeiten aufgezeigt, welche Frauen bewältigen müssen um in eine Führungsposition aufzusteigen.

4.1. Rolleninkongruenz

Obwohl alle diese Vorurteile wiederlegt wurden halten sich ein paar hartnäckig. Das Vorurteil der Rolleninkongruenz besagt, dass Frauen nicht so gut für eine Führungsposition geeignet sind da ihnen die nötigen Verhaltensweisen fehlen, die es in so einer Position braucht. Eines der Vorurteile ist, dass Frauen im Gegensatz zu ihren männlichen Kollegen nicht so fleißig wären und auch sicher nicht die nötige Bildung besitzen wie ihre männlichen Kollegen. Trotz dass diese Vorurteile widerlegt sind, sind sie ernst zu nehmen da sie immer noch, wenn auch unbewusst, in den Köpfen vieler herrschen. *(vgl. Tewes 2011: 38)*

4.1.1. Glass-Ceiling

Hiermit ist gemeint, dass Frauen an durchsichtige Barrieren, sogenannte Glaswände stoßen. Diese Glaswände hindern sie daran ins Topmanagement aufzusteigen. *(vgl. Tewes 2011: 38)*

Die nächste Abbildung soll dieses verdeutlichen.

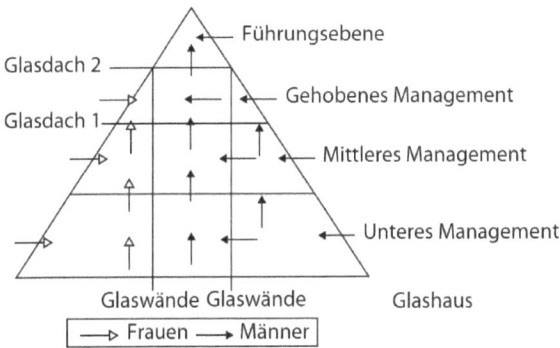

Abb. 2 (Tewes 2011:39)

Wie hier zu sehen ist, ist das untere und das mittlere Management für Frauen noch erreichbar. Doch unsichtbare Barrieren, bzw. Glaswände, hindern sie daran eine gehobene Führungsposition einzunehmen. Grade das Zentrum des Glashauses ist mit Männern besetzt, da bieten sich die schnellsten Aufstiegschancen. Die Frauen werden an den Rand des Glashauses gesetzt und haben somit geringere Aufstiegschancen. Dieses liegt an dem informellen Netzwerk dieses Glashauses. Entscheidungen werden oft bei inoffiziellen Meetings getroffen, dieses könnte in der Sauna oder im Golfclub geschehen. Frauen sind oft nicht dabei und schaffen es so nicht in den Kreis hinein zu kommen. Das Phänomen dieser geschlossenen Männergesellschaft wird auch „men's only" oder „old boys network" genannt. Bekannt ist, dass Führungsfehler von Frauen häufig passiert sind, da ihnen Informationen fehlten, welche bei solchen inoffiziellen Meetings besprochen wurden. *(vgl. Tewes 2011: 38 - 39)*

Das Phänomen des Glass-Ceiling würde sich mit der Studie im vorherigen Abschnitt decken. Je größer die Firma wird und je höher der Rang der Führungsperson ist, desto schwerer fällt es Frauen aufzusteigen.

4.1.2. Männliche Dominanzkultur

Mit der männlichen Dominanzkultur ist gemeint, dass Frauen in Führungspositionen dazu neigen sich den Männern anzupassen. Sie identifizieren sich mit ihnen, distanzieren sich von weiblichen Mitarbeiterinnen und grenzen sich von dem typisch weiblichen ab. Unter dieser Bedingung ist es einer Frau natürlich nicht möglich ihren weiblichen Führungsstil zu nutzen. Leichter fällt es Frauen wenn sie keine männlichen Vorgesetzten oder Mitarbeiter auf gleicher Stufe haben. Dann haben sie nicht das Gefühl „genauso gut" sein zu müssen wie der Mann. Sie entwickeln ihren eigenen vorteilhaften Führungsstil. *(vgl. Tewes 2011: 39 – 40)*

4.1.3. Teilzeitführung

Hierunter fällt die unausgesprochene Anforderung an eine Führungskraft, nämlich immer und überall erreichbar und ansprechbar sein. Da dieses Frauen mit einer Familie oft schwer fällt, ist es ein weiterer Stein auf ihrem Weg in eine Führungsposition. *(vgl. Tewes 2011: 40)*

4.1.4. Wertvorstellungen und Rollenkonflikte

Ich möchte hier noch einmal auf das Vorurteil der Rolleninkongruenz eingehen und dieses näher erläutern. Wie bereits einmal erwähnt, besitzt jedes Geschlecht für sich typische Eigenschaften. Zumindest wird es so wiedergespiegelt. Die Frau ist eher passiv und nicht aggressiv, sie besitzt große Emotionalität, soziales Verhalten, ist fleißig, anpassungsfähig und hat ein „geringeres technisches Verständnis" als der Mann. Der Mann gilt dagegen als aktiv, aggressiv, er besitzt Körperkraft, denkt rational, besitzt technische Begabung und hat einen starken Erfolgswillen. Von klein auf wird uns also beigebracht welche Rolle wir in unserer Gesellschaft spielen und was von uns erwartet wird. Von kleinen Mädchen wird erwartet, dass sie sauber und ordentlich sind, bei kleinen Jungen sind Mütter toleranter. Mädchen sollen früh auf ihr Aussehen achten. Diese von klein auf erlernte Sauberkeitserziehung wird häufig im Erwachsenenalter fortgesetzt und kann zu zwanghafter Ordnung führen um Anerkennung von dem Mann und den Kindern zu bekommen. Jungen haben also von Anfang an einen wesentlich größeren Spielraum gegenüber Mädchen und so überrascht es nicht, dass von hundert befragten Jungen im Alter von 3½ Jahren nur einer lieber ein Mädchen sein wollte, aber 15 Prozent der Mädchen im gleichen Alter lieber ein Junge gewesen wären. Es zeigt sich, dass diese Rollenkonflikte bereits in jungen Jahren stattfinden und Mädchen lieber größere Freiheiten besitzen würden.

(vgl. Burgard 1980: 18, 21-23)

Es ist also schwer für Frauen aus diesem Kreis auszutreten und sich selbst in einer Führungsposition zu entfalten. Sollte es Ihnen doch gelingen, sind sie häufig viel erfolgreicher als ihre männlichen Kollegen, wie der nächste Abschnitt zeigen wird

5. Karrieremann und Karrierefrau

Wenn Frauen doch so gute Führungsqualitäten haben sollen, was sind die Gründe dass immer noch so wenige von ihnen in Führungspositionen arbeiten?
Eine weitere Erklärung mag sein, dass sich Frauen im Zweifelsfall für die Familie entscheiden und nicht für ihre Karriere. Dieses würde auch erklären warum die Frauen in Führungspositionen meistens zwischen 18 und 24 Jahren sind und danach die Zahl immer weiter absinkt.

(vgl. Schaufler 2000: 31)

Zwei geltende Vorurteile sind, dass Führungsaufgaben erstens weniger attraktiv sind für Frauen und zweitens sie nicht über das Führungspotential eines Mannes verfügen. Wo wir wieder bei dem Vorurteil der Rolleninkongruenz angelangt wären.

(vgl. Tewes 2011: 36)

Die Wurzeln dieser Vorurteile liegen nach Schauffler in einem „Messfehler". Managementqualitäten wurden an männlichem Verhalten gemessen, dass die Frauen dann Defizite aufzeigten war nicht anders zu erwarten. Da die Frau also nicht in der

Lage ist Managementqualitäten zu zeigen wie die männlichen Kollegen würde sich dann auch daraus schließen lassen, dass eine Führungsposition für sie nicht attraktiv ist. *(vgl. Tewes 2011: 36)*

Neue Managementstudien widerlegen natürlich diese Theorien. In 3 Studien *(von Personal Decisions International, Management Research Group und Lawrenc A. Pfaff u. Associates)* wurden durchweg Ergebnisse erzielt, welche Frauen in sämtlichen Managementfähigkeiten besser abschneiden lässt. Frauen verfügen also nicht nur über die Kompetenzen der Kommunikation und Teamarbeit, auch in Planungen und Entscheidungen treffen schlossen sie besser ab.

Eine weitere Studie aus dem Jahr 1996 *(von der französischen Zeitung LÈnterprise)* ergab, dass Unternehmen, welche von Frauen geführt werden, deutlich schneller an Größe gewannen und doppelte Erträge erzielten als Unternehmen mit einer männlichen Führungskraft. *(vgl. Tewes 2011: 36)*

Ein wichtiger Punkt warum es Frauen so schwer fällt in Führungspositionen aufzusteigen ist außerdem ihr distanzierter Umgang mit Macht. Männer nutzen ihre erworbene Macht indem sie diese auch zeigen. Sie distanzieren sich von anderen die nicht ihren Rang besitzen, erwerben Statussymbole und bestehen auf erworbene Titel. Frauen hingegen sehen ihre Position in erster Linie als Verantwortung und nicht als Machtausübung. Um sich und andere voran zu treiben geben sie Macht ab. Das distanzieren von Macht lässt sich mit der Fähigkeit der Selbstreflexion verbinden. Diese Fähigkeit ist bei den meisten Frauen weit ausgeprägter als bei Männern. Männer sollen sich demnach eher als einsame Wölfe sehen und sind somit nicht unbedingt Teamzugehörig. *(vgl. Tewes 2011: 37)*

Damit wäre das Vorurteil der Rolleninkongruenz eindeutig widerlegt. Ein weiterer Stolperstein für Karrierefrauen scheint leider die Familie und Kinder zu sein. Im nächsten Kapitel möchte ich darauf genauer eingehen.

5.1.   Weibliche Führungskräfte mit Kindern

Es heißt, dass es eine Karrierebremse für Frauen wäre Kinder zu kriegen, da sie dann aus dem Berufsleben erst einmal ausscheiden. Interessant ist allerdings das Französinnen oder Britinnen auch Kinder bekommen. Zwischen 87 und 98 Prozent der Karrierefrauen sind da auch Mütter. In Deutschland sind es dagegen nur 57 Prozent. Doch selbst wenn die Babypause die entscheidende Karrierebremse wäre, müsste dann nicht der öffentliche Dienst vor Karrierefrauen nur so überquellen? Das jedenfalls schlussfolgert Bierach, da das Beamtenrecht das frauenfreundlichste der Welt ist. *(vgl. Bierach 2002: 11)*

Bischoffs empirische Forschungsstudien von 1998 zeigen, dass der Anteil der kinderlosen Frauen zurück geht. „Ausschlaggebend für die Vereinbarkeit von Kind und Karriere ist offenbar das höhere Maß an individuell flexibler Arbeitszeit."
(Bierach 2002: 14)

Das ein Kind unbedingt die aufopferungsvolle Mutter braucht soll eine bürgerliche Idee sein. Ein Kind braucht nicht unbedingt die eigene Mutter, sondern feste Bezugspersonen. Die Idee von der hauptberuflichen Mutter, welche sich nur um die Kinder kümmert, ist eine Vorstellung welche wir geprägt haben und die gar nicht nötig sein soll. Wer zehn Jahre oder länger keine Vollzeitstelle ausfüllt, sollte nicht überrascht sein, wenn sich die Karriere und eine vernünftige Altersvorsorge erledigt haben. Offenbar darf man in Deutschland auch alles sagen, nur nicht, dass man keine Lust mehr auf seine Arbeit hat und so ziehen sich Frauen „lieber auf ihr ureigenstes Privileg des Kinderkriegens zurück". *(vgl. Bierach 2002: 120-124)*

So gut wie niemand denkt, dass es gut ist, wenn beide Elternteile arbeiten. Die Mehrheit glaubt also, dass sich Kinder und Karriere für eine Frau nur schwer oder gar nicht vereinbaren lassen und sie sich letztlich für eines von beidem entscheiden sollte. *(vgl. Peukert 2008: 212-213)*

Für eine Frau kann der gesellschaftliche Druck groß werden, wenn sie sich dafür entscheidet, den Mythos der Rabenmutter hinter sich zu lassen. Eine Rückendeckung, wie sie für Männer selbstverständlich ist, ist für die Frau nicht immer gegeben. Folglich schaffen nur die Frauen trotz Kind eine Karriere, die sich private Netzwerke aufbauen konnten. *(vgl. Peukert 2008: 238)*

6. Erklärungsansätze

Warum sind die Geschlechter so unterschiedlich? Und woher kommt es, dass immer noch viele Menschen an die Vorurteile wie die Rolleninkongruenz glauben? Es gibt verschiedene Erklärungen dafür was uns als Menschen und als Geschlecht formt. Im folgenenden möchte ich zwei Erklärungsversuche vorstellen, einmal das biologische Erklärungsmodel und das Sozialisationstheoretische Erklärungsmodell.

6.1. Biologische Erklärung

Das Biologische Erklärungsmodell versucht die Verhaltensunterschiede mit den körperlichen Unterschieden zu begründen und ist das älteste Erklärungsmodell. Es wird vom biologischen Zweck der Geschlechter auf das Verhalten geschlossen. Die Frau ist zum Gebären und zum Kinder hüten da, somit ist sie auch in der Rolle und soll beschützen, sich kümmern, und für die Familie da sein. Der Mann ist als Erzeuger da und muss sich um die Frau kümmern wenn sie schwanger ist und auch später, wenn sie sich um die Kinder kümmert. Er ist somit in der Rolle des Jägers, des Ernährers, sozusagen das Oberhaupt. *(vgl. Schaufler 2000: 26)*
Heute mit neuen Techniken in der Wissenschaft können hirnphysiologische und genetische Tests weiteren Aufschluss auf die biologischen Unterschiede geben. Ergebnisse, welche bisher aus der Hirnforschung geschlossen wurden, erbrachten tatsächlich Unterschiede. *(vgl. Schaufler 2000: 27)*

- Das Männerhirn ist etwas größer, jedoch nicht unbedingt reicher an Nervenzellen als das feiner strukturierte weibliche Gehirn.
- Der Übergang zwischen der rechten und der linken Hirnhälfte (der Balken) ist bei Frauen stärker ausgeprägt und enthält mehr Nervenbahnen.
- Die Sprachzentren sind unterschiedlich lokalisiert: Bei Frauen liegen sie weiter hinten, in räumlicher Nähe zu den Assoziationsregionen; bei Männern eher im vorderen Hirnbereich, nahe den akustischen, optischen und motorischen Zentren.
- Die Messung der Hirnströme bei Männern, die ruhten und ihre Gedanken frei schweifen lassen konnten, fand eine Hauptaktivität in jenem

entwicklungsgeschichtlich älteren Regionen des Gehirns, die das sexuelle und gewaltgeprägte Verhalten steuern. Bei Frauen hingegen lag die Aktivität eher in einem jüngeren Hirnteil, dessen Funktionsbereich sich auf den Ausdruck von Gefühlen und Stimmungen bezieht.

(Schaufler 2000: 27)

Unterschiede sind also vorhanden, doch auch hier stellt sich die Frage, ob diese Unterschiede geschlechtlich angeboren sind, oder aber von klein auf unbewusst anerzogen wurden. Auch diese Studien müssen also mit Bedacht gesehen werden.

6.2. Die Sozialisationstheoretische Erklärung:

Eine weitere Erklärung ist die Sozialisationstheoretische Erklärung. Sozialisation bedeutet die Denk und Verhaltensweisen anzunehmen und zu erwerben, die für die jeweilige Kultur gelten.

Einfach gesagt würde das bedeuten, dass sich die einzelnen anpassen an das von ihnen erwartete Rollenbild. Ein „richtiger" Mann muss Stärke und Entschlossenheit zeigen, sowie Konkurrenzdenken, außerdem muss er seine Gefühle kontrollieren, da ein wirklicher Mann keine Schwäche zeigt. Zu den weiblichen Verhaltensweisen gehört eher die Zurückhaltung, Unterordnung, Mitgefühl zeigen sowie Fürsorglichkeit.

Diese Rollenvorgaben sind wichtig für die Menschen da sie uns Sicherheit geben, sie sagen uns unbewusst, wie wir uns verhalten können und sollen und geben uns somit Orientierung. *(vgl. Schaufler 2000: 28-30)*

Aufgrund der traditionellen Wertvorstellungen und Rollenverteilungen wurden oft Arbeiten geschlechtsspezifisch verteilt. Männliche Wissenschaftler gingen davon aus, dass Frauen aufgrund der biologischen Fähigkeit zum Gebären „nicht nur zur Kindererziehung geeignet sondern auch dazu verpflichtet waren". Da die geschlechtsspezifischen Eigenschaften und Fähigkeiten als angeboren betrachtet wurden, galten sie lange als nicht veränderbar.

(vgl. Burgard 1980: 18-19)

7. Was die Frauen anders machen

Wenn die Frau nun in einer Führungsposition ist und es geschafft hat sich gegen den Sozialisationsprozess zu stellen, macht sie vieles anders als der Mann. Was das genau ist, wird in diesem Abschnitt aufgezeigt. Eine Studie aus dem Jahr 1997 zeigt, dass Frauen und Männer unterschiedliche Führungsstile haben.

Die Ergebnisse in Kurzform:

- Frauen legen größeren Wert auf partnerschaftliche soziale Beziehungen am Arbeitsplatz als auf die Einhaltung von Hierarchien.
  (Schaufler 2000: 20)
- Frauen sehen Macht als Verantwortung und nicht als Herrschaft.
  (Schaufler 2000:21)
- Frauen besitzen kreative Potentiale zur Lösung und Nutzung von Konflikten.
  (Schaufler 2000: 21)
- Frauen heben die Trennung zwischen Familie und Beruf auf und zeigen zukunftsweisende Muster zur Vereinbarkeit.
  (Schaufler: 20: 23)

Männer sollen nach dieser Studie mehr Wert auf Hierarchien legen als Frauen. Frauen bevorzugen eine partnerschaftliche, soziale Beziehung zu ihren Mitarbeitern. Die männliche Führung wird also als Pyramidensystem beschrieben. Der Mann steht oben an der Spitze und seine Mitarbeiter darunter. Das weibliche Führungsverhalten gleicht im Gegensatz dazu dem eines Netzes. Sie möchte mit allen verbunden sein, kennt ihre Mitarbeiter, deren Stärken und ihre Schwächen und setzt diese gezielt ein. Ein weiteres Ergebnis der Studie ist, dass Frauen in Führungspositionen, anders als Männer in Führungspositionen, Macht als Verantwortung sehen und diese nicht ungerechtfertigt einsetzen wollen. Männer neigen eher dazu ihre Macht und ihre Stellung zu missbrauchen und für ihre Zwecke zu nutzen. Frauen versuchen Probleme anders zu regeln als durch das einsetzen der gegebenen Macht. Wie oben beschrieben, haben Frauen das Netzsystem zu ihren Mitarbeitern und kennen ihre Stärken und Schwächen. Dieses führt dazu, dass es Frauen in Führungspositionen leichter fällt Konflikte unter den Mitarbeitern zu klären. Die Studie zeigte, dass Frauen keine Angst haben mit ihren Mitarbeitern über Probleme zu sprechen. Männlichen Führungspersonen ist das häufig sehr unangenehm. Sie gehen oft nicht offen auf Konflikte ein aus Angst vor Eskalation. Ein weiteres Ergebnis der Studie war, dass Frauen die Trennung zwischen Familie und Beruf aufheben. Dieses müssen sie, da sie häufig einer ständigen Doppelbelastung ausgesetzt sind und sie versuchen wollen das ihre Familie nicht drunter leidet. Sie bleiben auch im Beruf ansprechbar für ihre Familie und nehmen sich, wenn nötig, auch Arbeit mit nach Hause. Sie arbeiten also Lebensnah. Männer hingegen vereinsamen sehr oft auf den Weg nach oben zur Führungsposition. Sie verlieren häufig das private Leben aus den Augen und entfernen sich mehr und mehr vom privaten Alltag, was sie außerdem noch in ihren beruflichen Entscheidungen beeinflusst und soziale Verantwortung vermissen lässt. *(vgl. Schaufler 2000: 20 – 24*

8. Fazit

Es ist erstaunlich, dass es immer noch so wenige Frauen in den Top-Führungspositionen gibt. Und das, obwohl sie, laut Studien in vielen besser sein sollen als der Mann.

Vermutlich liegt es daran dass sich Frauen zu wenig zutrauen und größere Versagensängste haben als ihre männlichen Kollegen. Dieses liegt vielleicht an der jahrelangen Unterdrückung, welche sich noch nicht ganz aus den Köpfen der Menschen in unserer Gesellschaft gelöst hat. Weder bei den Frauen, noch bei den Männern.

Es wird noch ein paar Jahre dauern, ehe es ganz aus den Köpfen der Menschen verschwunden ist, doch sind wir auf einem guten Weg. Zumindest theoretisch steht den Frauen jede Tür offen.

In der Ausarbeitung konnten leider keine genauen Antworten auf meine Anfangs formulierten Fragen gefunden werden.

Natürlich gibt es hemmende Faktoren, doch es gibt auch fördernde. Vielleicht muss die Frau wirklich mehr leisten als der Mann, um anerkannt zu werden oder aber sie muss endlich versuchen aufzuhören dem Mann nachzueifern.

Ursula von der Leyen hat gesagt „eine Frau ist nicht besser, sie ist anders". Ein weiteres Zitat von einer unbekannten Verfasserin, welches ich erwähnen möchte sagt" Frauen, die so gut sein wollen, wie Männer, haben einfach keinen Ehrgeiz".

Das Zitat ist mit einem Schmunzeln zu sehen, doch steckt auch etwas wahres darin. Frauen führen anders und haben ihren eigenen Stil. Diesen müssen sie sich bewahren oder ihn vielleicht sogar erst mal finden. Doch wenn sie ihn gefunden haben, wird es nicht mehr nötig sein, dass sie ihren männlichen Kollegen versuchen nachzueifern.

a. Literaturverzeichnis

- Bierach, Barbara (2002): Das dämliche Geschlecht. Warum es kaum Frauen im Management gibt. Wiley – VCH Verlag. Weinheim

- Burgard, Roswitha (1980): Wie Frauen „verrückt" gemacht werden. 3.Auflage. Frauenselbstverlag. Berlin

- Bürgel Wirtschaftsinformationen (2012): Frauen in Führungspositionen. Hamburg http://www.buergel.de/images/content/pdf/frauen-in-fuehrungspositionen-2012.pdf (letzter Zugriff: 20.02.2012)

- Onnen-Isemann, Corinna / Bollmann, Vera (2010): Studienbuch Gender & Diversity. Eine Einführung in Fragestellungen, Theorien und Methoden. Peter Lang GmbH. Frankfurt am Main

- Peukert, Rüdiger(1999): Familienformen im sozialen Wandel. 3 Auflage. Leske + Budrich. Opladen

- Schaufler, Birgit (2000): Frauen in Führung! Von Kompetenzen, die erkannt und genutzt werden wollen. Verlag Hans Huber. Bern

- Tewes, Renate (2011): Führungskompetenz ist lernbar. Praxiswissen für Führungskräfte in Gesundheitsfachberufen. 2. Auflage. Springer Verlag. Berlin – Heidelberg

- Westerholt, Birgit (1998): Frauen können führen. Mut zur Karriere: Fähigkeiten erkennen, Barrieren überwinden. Kompetenzen erweitern. Veltz Verlag. Weinheim und Basel

- Wiegand, Heike(1995): Berufstätigkeit und Aufstiegschancen von Frauen. Eine (nicht nur) ökonomische Analyse. Duncker & Humblot Verlag. Berlin